TAPISSERIES

DU XVIIIE SIÈCLE

Appartenant à M. ***

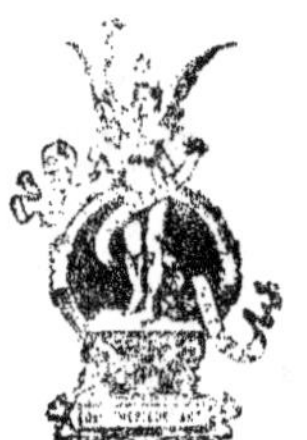

CATALOGUE

DES

TAPISSERIES

DU XVIII° SIÈCLE

Appartenant à M.***

ET DONT LA VENTE AURA LIEU A PARIS

HOTEL DROUOT, SALLES N°⁵ 5 ET 6

LE MERCREDI 12 DÉCEMBRE 1906

à 3 heures 1/2

COMMISSAIRE-PRISEUR

Mᵉ PAUL CHEVALLIER

10, rue Grange-Batelière

EXPERTS

MM. MANNHEIM

7, rue Saint-Georges

EXPOSITIONS PUBLIQUES

Le Mardi 11 Décembre 1906, de 1 h. 1/2 à 5 h. 1/2
Et le Mercredi 12 Décembre 1906 *(Jour de la vente)*
de 1 h. 1/2 à 3 h. 1/2

CONDITIONS DE LA VENTE

Elle sera faite au comptant.

Les adjudicataires payeront DIX POUR CENT en sus des enchères.

Paris. — Imp. de l'Art, E. Moreau et Cⁱᵉ, 41, rue de la Victoire.

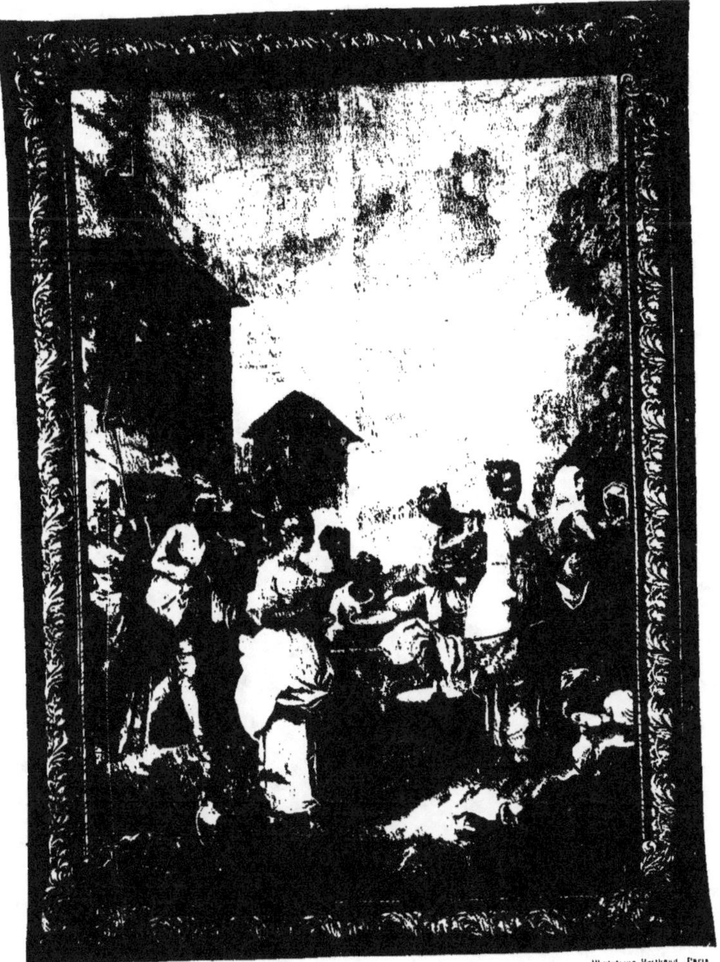

Phototypie Berthaud Paris

Désignation

35. 100

Suite de deux tapisseries rectangulaires, du temps de Louis XV, dans la manière de JEAURAT.

1 — *Buveurs et Musiciens.*

Un adolescent emplit de vin les verres que lui tendent deux jeunes femmes ; auprès d'eux, trois personnages jouent de la viole et de la basse de viole ; au fond, une chaumière et de la verdure.

2 — *Préparatifs de festin.*

Un cortège de paysannes, en habits de fête, apporte une bassine pleine de lait et enguirlandée de fleurs ; derrière elles, divers personnages tenant, l'un un bouquet au bout d'une perche, d'autres des quartiers de viande ; fond d'habitations.

Bordures de rinceaux.

Haut., 3 m. 25 cent.; larg., 2 m. 20 cent.
Haut., 3 m. 25 cent.; larg., 2 m. 30 cent.

Suite de cinq tapisseries flamandes du XVIIIe siècle, dans la manière de TENIERS :

3 — *L'Arrivage du poisson.*

Les barques viennent d'atterrir et les pêcheurs s'occupent de vendre le produit de leur pêche ; au fond, une ville et des groupes de personnages.

4 — *Le Troupeau.*

Une paysanne est en train de traire une vache, pendant qu'un berger l'amuse en jouant du flageolet ; au fond, des pâturages.

5 — *La Rentrée de la moisson.*

Des paysans boivent et fument, assis sur des tonneaux, tandis que leurs compagnons rentrent à la ferme, conduisant un chariot plein de gerbes.

6 — *La Mort du porc.*

Un paysan se prépare à saigner l'animal maintenu à terre ; une femme est prête à en recueillir le sang au moyen d'un long poêlon ; au fond, des patineurs.

7 — *Le Festin champêtre.*

Les paysans sont attablés dans l'auberge, regardant les danseurs ; au second plan, des tireurs d'arc.

Bordures incomplètes, simulant des cadres.

Haut., 3 m. 5 cent.; larg., 4 m. 35 cent.
Haut., 2 m. 95 cent.; larg., 2 m. 15 cent.
Haut., 2 m. 90 cent.; larg., 4 m. 15 cent.
Haut., 3 m.; larg., 2 m. 40 cent.
Haut., 3 m. 5 cent.; larg., 5 m. 50 cent.

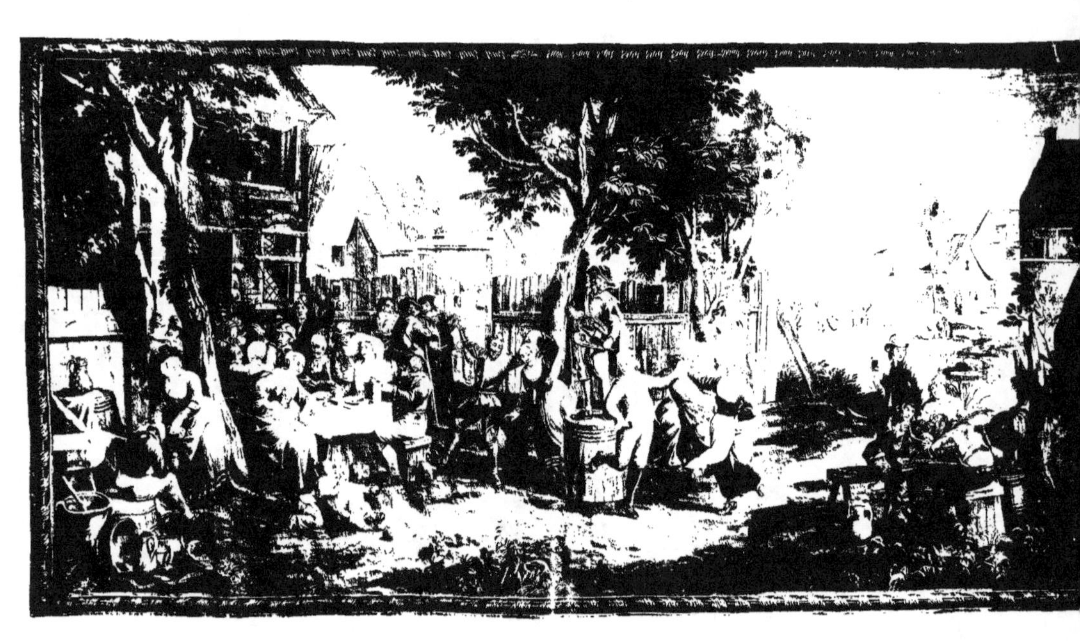

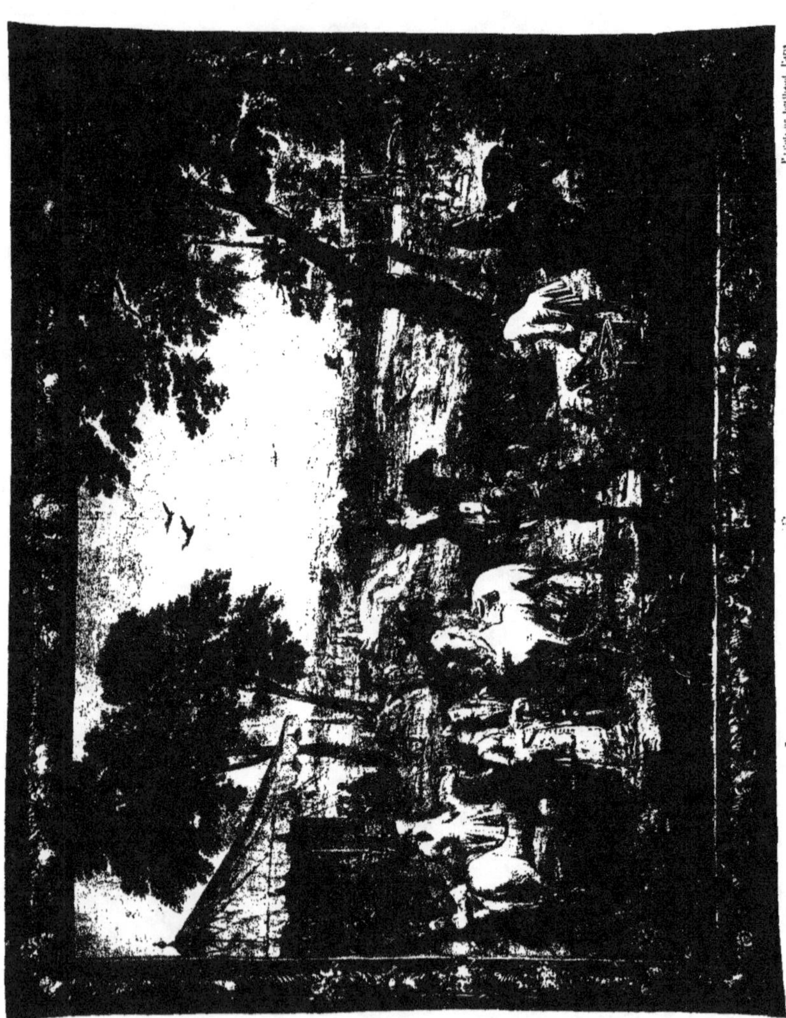

Phototypie Berthaud, Paris

Suite de six tapisseries flamandes du xviiiᵉ siècle à sujets de chasse, dans la manière d'Oudry : *Van Der Meulen* ?

8 — *La Chasse à courre.*

Les chasseurs et les chiens débouchent, à grande allure, d'une forêt dans une clairière.

9 — *La Chasse au loup.*

Les chiens sautent sur l'animal qui se détend ; les chasseurs tirent l'épée du fourreau ; les paysans accourent, armés de fourches.

10 — *La Chasse au sanglier.*

L'animal tient tête au vautrait, dont quelques chiens sont protégés par des paillassons ; les chasseurs vont le frapper de leurs piques.

11 — *La Chasse au renard.*

Le renard s'enfuit, poursuivi par les chiens et les chasseurs, armés de fusils et de pistolets.

12 — *Les Chasseurs au faucon.*

Les chasseurs, accompagnés de dames, se préparent à monter à cheval, les valets amènent les faucons ; au second plan, une tente.

13 — *La Chasse au cerf.*

Les chasseurs poursuivent, l'épée nue, la bête aux abois ; la meute va l'atteindre ; au fond, des habitations.

Bordures marron à fleurs et feuilles.

Haut., 3 m. 50 cent.; larg., 3 m. 10 cent.
Haut., 3 m. 40 cent.; larg., 4 mètres.
Haut., 3 m. 25 cent.; larg., 4 m. 70 cent.
Haut., 3 m. 40 cent.; larg., 2 m. 70 cent.
Haut., 3 m. 40 cent.; larg., 4 m. 50 cent.
Haut., 3 m. 40 cent.; larg., 3 m. 60 cent.